어느 날, 갑자기,
세금을 내는 어른이 되어 버렸다.

갑자기 어른

김져니 지음
개정판 1쇄 발행 2025년 6월 20일

펴낸곳 요호이
발행인 김재태
교정·교열 훅카피, 홍현미
E-MAIL yohoi.official@gmail.com
SNS www.instagram.com/kimjourneydiary
ISBN 979-11-988988-6-9

Copyright ⓒ Kimjourney, 2019
Illustrations ⓒ Kimjourney, 2019
All rights reserved.
본 책은 저작권법에 의해 보호를 받는 저작물이므로 무단전재와 무단복제를 금합니다.
책값은 뒤표지에 있습니다.

갑자기 어른

글·그림 김져니

어른 동화   10

오직 나를 위한 장래희망   12

보내주는 방법   18

마음이 이끄는 대로   20

(길들여지지 않은) 마음 근육 이야기   22

그것은 아직 제 길이 아닙니다   25

로맨스   28

너무 어려운 미니멀리즘   31

한 여름의 소확행   34

그래도 ADHD는 아니겠지만   36

산타의 추억   39

퇴사, 언젠간 제가 해보겠습니다   42

세상의 이치   46

엄마 이야기   48

찐한 눈썹   50

어느 여름의 일기   52

큐레이션 인생　56

은퇴 후의 삶　60

수리 영역　64

책 표지　66

이딴 거　68

우리의 여름휴가는 간단하게　70

마요네즈　74

이달의 여성잡지　76

역시계 방향　78

꽈배기　80

뉴스　84

천일야화　86

내 두 발로 서있기　88

노인과 감나무　90

아님 말고 정신　92

VAN-LIFE　94

어른동화

정말 오랜만에 만난 옛 친구가 이런 말을 했다.
"우리가 벌써 서른이라는 게 믿기니?"
이 한 문장이 가슴속에 들어와 마음이 울컥했다. 어른 행세를 하느라 벅찼나 보다. 구체적으로 말하자면, 사회가 삼십 대 초반, 독립된 삶을 구성하는 어른(?)에게 기대하는 일들이 내게는 아직 부담스럽다. 그래서인지 친구가 무심코 던진 말 한마디가 위로로 다가왔다.

나는 사회의 기대에 부응하는 냥 발버둥 치지만, 아직 밥을 먹으면서 볼 만한 만화를 찾는다. 출근길에 오늘의 웹툰을 보는 것처럼 꿀맛인 일이 없다. 몸은 30년을 살았지만, 마음은 아직 그 나이가 들지 않은 것이다.

그래서 어른에게도 로맨스가 필요하다고 생각한다. 연인관계의 러브라인 로맨스 말고, 아무 목적 없이 읽고 가벼운 기쁨을 느낄 수 있는 동화책 같은 로맨스. 그래서 이 책을 만들어보았다. 마음은 아직 아이인 어른들에게 작고 가벼운 로맨스가 되기를 바라는 마음이다.

오직 나를 위한 장래희망

초등학생 때부터 시작해보자.
매 년마다 놓치지 않고 하는 질문지가 하나 있었다.
'나의 꿈은 무엇인가요?'
이 말이 중학생이 되면서부터는 조금 부담스럽다. 모두에게 공개가 되는 나의 장래희망이니, 그 나이에 어깨에 조금 힘이 들어가는 직업을 찾는다. 나는 그림을 그리는 것을 좋아했기에, 마음속으로 늘 화가가 되고 싶었는데, 화가도 돈을 버는 건지 잘 몰라서 적지 못했다. 그래서 조금 더 쿨해 보이는 직업인 건축가를 적었던 기억이 난다. 건축가는 돈을 벌거라고 생각하며. 도대체 왜 매 년마다 묻는지, 고등학생이 되어서도 장래희망을 묻는 시간이 왔다. 원하는 직업과 목표할 대학, 학과를 매칭 해주는 시간이다. 그리고 나는 변호사를 적었다. 변호사라니! 얼마나 멋져 보여!
하지만 대부분이 그렇듯, 나 역시 수능 점수가 골라준 학교, 학과로 입학했다. 화가도 아니고, 건축가도 아니고, 변호사는 더더욱 아니다. 이십 대 초반, 나는 어떤 목표를 가져야 할지 몰라 방황했었다. 그래서 좋아 보이는 것들은 다 열심히 했다.

그리고 취업을 했다. 어른이 되어버렸다.
이제야 다시 질문지를 꺼내 든다.
'나의 꿈은 무엇인가요?'
서른이 넘어, 자기 일을 하고 있는 사람들은 다들 알 것이다. 이 직업을 갖기 위한, 적합한 학과나 대학은 없다. 어떤 특정 교육 과정이 있어서 나를 여기로 안내해준 것도 아니다. 좋아하는 일을 하려고 찾다 보면, 어느새 그 일을 하고 있는 사람이 되어있고, 그 일을 하고 있다 보면, 생계를 책임져주지는 못하지만, 돈도 그 뒤를 따라온다. 상황에 따라서 돈이 조금 더 천천히 따라오는 경우도 있지만. 그래서 장래희망을 구체적인 직업 단위로 물어보는 것은 그만했으면 좋겠다.
대신 이런 질문이 더 좋을 텐데.
"어떤 일을 할 때 가장 행복한가?"
그리고 그 일을 더 잘하기 위한 방안을 매 년마다 목표로 세워주는 교육, 얼마나 멋져 보이는지.
화가는 돈을 벌지 못하니까, 이러며 지우개로 지웠던 유년시절이 안타깝다!

직업에는 귀천이 없고, 직업은 다양하다.
택시기사는 도로를 여행하는 직업이고,
기자와 카메라맨은 세상을 바라보는 직업이며,
영화배우도 그 옆의 보디가드도 다 직업이다.
도서관 사서는 책이라는 낭만을 지닌 직업이며,
가구 디자이너는 나무를 자르기도 한다.
물놀이를 좋아하던 아이는 수영 선수가 될 수도 있다.
요리를 통해 누군가에게 행복을 전달할 수 있는 직업도 있다.
이렇게나 할 수 있는 것이, 될 수 있는 것이 많은 걸!

보내주는 방법

나이가 들면서, 생활환경이 달라지면서, 좋아하는 토픽이 바뀌면서, 나를 떠나는 사람들이 생긴다. 그런데 그게 베스트 프랜드일 줄은 생각해본 적이 없다. 베스트 프랜드와 헤어지는 법은 배우지 못했기에 더 극복하기 힘들다.

차라리 남녀 사이의 관계면 의외로 간단하다. 나에게만 생기는 일이 아니고, 남녀 소개의 장은 항상 활발히 영업 중이니까. 다들 그렇듯이 쿨하게 전화번호를 지워버리면서 시작할 수 있다. 사실 전혀 쿨하지 않더라도... 그리고 친한 친구에게 가서 속앓이를 털어놓으면 그만이다. 친구라면 끄덕끄덕해주고, 받아줄 테니까. 그런데 그 친구가 나를 떠나다니.

그때, 세종이가 해준 이야기가 있다.

"인생을 타임라인으로 그려놓고 보면, 정말 많은 사람들이 나를 찾아오기도 하고, 또 나를 떠나기도 해. 내 인생의 이 시기에 이런 사람이 내게 왔다가 이 시기에 나를 떠났구나... 그중에는 스쳐 지나가는 인연도 있고, 또 오래 나의 곁에 머물러주는 인연도 있어. 이렇게 보면, 인간관계가 그리 어렵지 않더라고."

많은 사람들이 머릿속을 스쳐 지나갔다.
그리고 조금은 마음이 가벼워진다.

마음이 이끄는 대로

나이가 들면, 누울 자리를 먼저 찾게 되는 것 같다. 이 결정이 좋을지, 과연 이 곳이 '누울 자리'인 것인지 고민을 하게 된다. 퇴사도, 결혼도 그리고 연인과의 만남과 헤어짐까지도.
사람의 성향에 따라 다르겠지만, 나의 경우에는 누울 자리를 아무리 쳐다보고, 계산기를 두드려도, 최종적인 결정은 마음이 내리는 편이다. 푹신한 침대를 마련하고 발을 펴기는커녕, 딱딱한 바닥 위에 대자로 누워서도 행복을 느끼는 경우가 더 많기 때문이다. 몸이 고생해도, 마음이 충만한 선택을 했을 경우에는 특히나.
결혼을 결정하게 되던 순간에도 그랬다.
아마 결혼을 준비하는 대부분의 연인이 공감하실 거라 생각하지만, 결혼을 위한 물리적 준비, 즉 누울 자리는 결코 준비되지 않는다. 그런데 7년간 연애를 하며, 나와 승원이는 누울 자리를 찾고 있었다. 하지만, 우리가 가진 것은 튼튼한 두 다리뿐이었다. 그래서 늘 아직은 타이밍이 아니라고 생각했던 것 같다.
그러던 어느 날 승원이가 갑자기 프러포즈를 했다. 그리고 나는 조금의 망설임 없이 마음의 선택을 따랐다. 예스! 설마 하니 굶어 죽겠냐는 생각으로 준비하니 어떻게든 준비가 된다.

살다 보면, 예측한 대로 이루어지지 않는 경우가 더 많은 것 같다. 이런 예측 불가능한 상황 속에서 확실히 말할 수 있는 한 가지는, 마음이 이끄는 선택을 하면, 행복하다는 것이다. 지금 당장 누울 자리가 딱딱한 돌바닥이어도 둘이어서 행복했다. 그리고 물론, 우리 부부는 침대를 샀다.

(길들여지지 않은) 마음 근육 이야기

자주 사용하는 근육은 단련되기 마련이다.

땀 흘리는 만큼, 그 근육은 나의 것이 된다.

마음도 그렇다.

슬픈 일에는 함께 눈물 흘리고

기쁜 일에는 함께 기뻐하며
그렇게 단련된다.

세상에 쉬운 일은 별로 없지만,
그렇다고 '그렇게나' 어려울 일도 별로 없기에.
많이 웃고 울고 이 순간들을 즐기자.

그것은 아직 제 길이 아닙니다.

낯선 질문들이 있다.
그중 하나는, '아이는 언제 가질 생각이야?'라는 질문.
아이를 갖는 것이 당연하다는 전제하에 물어보는 질문이기에 당혹스럽기도 하고. 혹, 다른 방법으로 나이가 들고 싶을 수도 있는데 말이다. 예를 들면, 육아 대신 반려견과의 산책을 하는 것처럼.
어찌 되었든, 아이를 가지려고 결혼을 한 것이 아니기에 자세히 생각해본 적이 없는 질문이다. (물론 나는 아이들을 정말 좋아한다. 언제든 같이 뒹굴 준비가 되어있다고 할까.) 더구나, 나는 아직 거실 선풍기 선에 발이 걸려 넘어지는 애어른이다. 나는 이 질문에 책임감 있게 대답할 준비가 되어있지 않다. 또, 준비되지 않은 정답을 애써 만드느라 허둥지둥하고 싶지 않다. 피곤한 주말에는 약속을 취소하고 침대에 조금 더 누워있듯이, 이 질문에 대한 대답도 여유롭게 내가 선택하고 싶다.
그래서 이 질문은 앞으로 당분간에도 낯설 예정이다. 서른 살의 나는 아직 내 나이에 도달하지 않았기 때문이다. 시간은 상대적인 개념이니, 나는 이해하는 것도, 선택하는 것도 천천히

하고 싶다.

이렇게 하고 싶은 것들만 줄줄이 늘어놓으니, 너무 독단적 인가하는 생각이 스멀스멀 든다. 그런데 누구에게나 인생은 한 번 주어지는 삶인데, 내게 주어진 시간을 어떻게 사용할지에 대해서는 조금 이기적일 수 있지 않은가… 하며 다시 또 마음을 다잡아 본다.

이러다가도 아무나, 별생각 없이, 훅훅 던지는 질문들에 내 동공은 흔들리겠지.

"넌 나의 행복이야."

로맨스

나는 간혹 나이가 들었을 때의 여유로움을 기대하고는 한다.
치열하게 젊음을 보내고 나서, 삶의 여유를 즐기는 시기...
그리고 향후 계획을 짜고는 하는데, 꽤나 기대가 된다.

첫째, 나이가 들면 어느 정도의 풍채를 고수하기.
여유롭게 하품을 하면서 아침을 맞이할 수 있을 테니.

둘째, 배움을 멈추지 않기.
분명, 놀라운 기술의 변화가 있을 텐데,
모르고 넘어갈 수 없으니.

셋째, 수영 하기.
아침 수영장에 성인보다는 할머니 할아버지가 더 많듯이.

마지막으로, 글 쓰고 그림 그리기.
내가 가장 사랑하는 일을 평생 하는 것이 될 테니.

그러고는 '이 정도 로맨스면 나이가 드는 것도 나쁘지 않겠어.'
라는 생각을 한다.
그런데, 거울에 비친 뱃살을 보며 "괜찮아, 인자해 보여."라고
말할 수 있는 나이는 몇 살일까?

너무 어려운 미니멀리즘

긴 여름휴가를 다녀왔다. 오랜만에 집으로 들어오니, 안 그래도 작은 집이 괜스레 더 작아 보인다. 여기저기 쌓인 물건들에 숨이 턱턱. 쇠뿔도 단 김에 빼랬다고, 물건을 좀 버려볼까. 여행 가방에서 오래된 세탁물들을 꺼내어 세탁기에 넣었다. 라디오를 켜고 책장 앞에 앉았다. 책장부터 보니, 내가 좋아하는 책 컬렉션은 도저히 건드리지 못하겠다. 나중에 갑자기 읽고 싶어 질 때, 문득 떠오를 때 항시 내 책장에서 스탠드바이 상태여야 한다고. 아, 책들은 패스-.

다음은 나의 토이 컬렉션. 유학 시절부터 노스탤지어를 달래주었던 작은 토이들은 나의 정신적 지주이기도 했다. 이 작은 애들 버린다고 한들, 공간이 얼마나 넓어진다고... 그래, 얘네도 패스-.

창고를 연다. 버릴 물건과, 버리기에는 미련이 남지만, 우선 지난 일 년 간 한 번도 사용하지 않은 물건들을 꺼내 모았다. 아쉬움이 남는 물건들은 중고거래 사이트에 올려두고, 기한을 주기로 했다.

이렇게 일주일 정도가 흘렀는데, 아직 옷장 정리를 시작하지 못했다. 중고거래 사이트에 올려둔 가방들도 팔리지 않는다. 패션은 돌고 돌 텐데, 지금 버린 옷을 2년 뒤쯤에 다시 그리워하게 되면 어쩌지 하는 여운이 남는다. 그냥 두 눈 딱 감고, 올해 한 번도 입어보지 않았던 옷은 정리해야 하려나... 그리고 스티븐 잡스처럼 단벌 패션을 추구한다던지... 이런 고민이 계속 꼬리를 문다.

아...

선택적 미니멀리스트는 없으려나, 베지테리안은 여러 종류가 있던데.

미니멀리스트의 길은 어렵다.

늘 멀리서 추구하지만,

아직 내겐 어려운 심플 라이프.

한 여름의 소확행

외출 후에는 잽싸게 옷을 갈아입고, 찬물 세수를 한 다음에, 선풍기 앞에서 수박을 먹어야 제 맛이다.

+ 수박 먹기 꿀팁

1. 외출 전에 수박 잘라두기.

2. 싱거운 수박에는 소금 뿌려 먹기.

3. 찬물 세수를 할 때 옷 살짝 적시기.

(선풍기 앞에서 효과 극대화)

그래도 ADHD는 아니겠지만

나는 한 가지에 오래 집중하지 못하는 성격이다. 이거 ADHD는 아닐지.

이로 인해 대인 관계에 악영향을 미치는 경우가 있는데, 예를 들어 친구의 고민을 들어주다가도 고민 이야기 속에 등장한 카메오급 요소들에 반갑게 다른 상상이 펼쳐지는 것이다. 나는 진지하게 대화에 임하고 싶지만, 하필 여기서 이런 흥미로운 카메오가 출연할게 뭐람.

학창 시절에도 그랬다. 수능을 공부하던 고등학생 때, 늘 내 책가방은 무장행군급이었다. 거짓말이 아니고 가방 때문에 키가 자라다 멈춘 것이 아닌가 싶을 정도다. 하굣길에는 집에서 공부할 책 한 권만 들고 오면 될 일인데, 사실 집에 오면 공부도 하지 않으면서, 모든 책을 다 가지고 다녔다. 지금 생각해보면, 누가 지팡이 하나 사다 주면 딱 어울릴 정도의 노동이었다. 어느 때에는 수리 문제 한 문제 당, 영어 문제 한 문제 꼴로 섞어가며 공부를 하기도 했는데, 이렇게 하면 그나마 공부가 게임 미션 같이 느껴졌던 기억이 난다.

이런 성격이 어찌 변하랴. 나는 성인이 되어서도 길 잃은 염소

마냥 여러 분야를 음메음메 하며 다녔다. 악기도 여러 가지로 다 배워보았는데, 그래서 어느 것 하나 제대로 연주하지 못한다. 이렇게 일회용 젓가락을 쓰고 버리듯이 어느 한 가지를 꾸준히 하지 못하니, 이렇게 살다가는 아무것도 이루어보지 못하고 죽을 수도 있겠구나 하는 생각이 든다. 물론, 이거 저거 다 건드려본 덕분에 허풍 떨기에는 안성맞춤이기는 하다만.

이건 마치 갓 구워진 빵 냄새를 맡고 있자니

빵 말고 다른 게 먹고 싶어 지는 사태...흠.

산타의 추억

나는 일 년 중에 크리스마스가 있는 12월이 가장 행복하다. 캐럴이 울려 퍼지는 거리는 언제나 행복하다. 그런데, 산타에 대해서는, 이런 로맨스에 조금 어긋나는, 조금 특이한 추억을 가지고 있다. 유치원생 때의 이야기다. (하다 하다 유치원 시절 추억을 꺼내야 하느냐 하겠지만, 요즘 세대는 산타의 존재를 빨리 알게 된다는 점을 감안해주시길...)

어느 날 유치원으로 가는 날 아침, 엄마가 성급하게 내 손을 잡고, 동네 가게에 달렸던 기억이 난다. 준비물을 가져가야 하는데, 까먹었다고 하시며 다급하게 캐러멜 한 봉투를 사서 포장해주셨다. 나는 캐러멜을 선물을 들고 유치원에 늦지 않게 달려갔다. 선생님께 드리는 선물인가 보다 생각을 하며.

그리고 몇 주 뒤, 유치원에서는 크리스마스 파티가 열렸다. 누가 보아도, 산타 복장을 한 체육 선생님이었는데, 우리들을 한 줄로 세워 앉힌 뒤 한 사람 한 사람 부르시며, 크리스마스 선물을 주셨다. 드디어 나의 차례! 내가 받은 선물은 몇 주 전에 엄마가 선생님께 드리라고 했던, 캐러멜 선물이었! 유치원에서 크리스마스 행사에 자녀들에게 선물할 크리스마스 선물을 아이들 몰래 유치원에 전달해달라고 학부모님들께 연락을 했던 것이다.

'다들 엄마 아빠가 미리 가져다준 선물을 받는 거구나'라는 생각을 하며 주변을 둘러보았는데, 다들 이 사실을 아는지 모르는지 행복하게 선물 포장을 뜯었다. 나는 어차피 캐러멜 선물인 것을 알기에 선물을 받고 집으로 돌아왔다.

여성스러운 이미지와 다르게 심히 쿨하셨던 우리 엄마. 물론, 그 해 나는 하얀색 강아지 인형을 선물 받았다. 역시 우리 엄마는 '어차피 선물 줄 건데'라는 생각으로 캐러멜을 챙겨주셨던 것이 분명해!

어릴 때 받은 크리스마스 선물 목록 (기억이 나는 대로)

어린이용 핑킹가위 세트,

하얀색 강아지 (동생들과 한 마리씩),

수많은 레고 시리즈들 (어릴 적 최애 아이템),

해리포터와 아즈카반의 죄수 (시리즈인데 한 권만 사주셨다),

세일러문 인형 (머큐리로 바꿔주려 머리를 잘랐다가 울었던 기억)

그리고

행복한 추억들.

퇴사, 언젠간 제가 해보겠습니다

월요일 퇴근길이면 상상하는 장면이 있다. 내가 출근하는 회사는 이태원에 있는데, 오전부터 이태원에 와서 한가히 카페에 앉아 아메리카노에 브런치를 먹어보는 것이다. 이런 달콤한 상상 말고도 또 있다.

우선, 폭탄 맞은 머리로 펌도 해볼거다. 매 번 소심하게 미용실에 가서 적절히 사회생활에 지장이 가지 않을 범위의 컬을 만들었다가 애매한 펌이 마음에 안 들어 다시 단발로 잘랐던 과거들... 청산해주리. 그리고 나는 안경점에 가서 내 안경 글라스에 색상을 넣어보고 싶다. 핑크색이나 노란색 계열로.

또 있다. 킥보드나 보드를 배워서 타고 다닐 거다. 이건 지금도 할 수 있을 거라고? 천만에! 퇴사를 하고 나서 해야 제 맛이다. 기념으로 빨간색 반스 운동화도 하나 장만해야지. OFF THE WALL 자유를 향하여!

마지막으로 해수욕장에서 남의 시선은 의식하지 않은 채, 당당히 비키니를 입고 해수욕을 할 거다. 지금은 심리적으로 불가능한 상황인데, 퇴사를 하고 나면, 할 수 있을 것 같다. 앞 뒤 안 보이고 용기가 생긴다는 뜻이겠지.

달콤한 상상은 오늘도 계속된다.

그들은 행복하게 오래오래 살았답니다.

세상의 이치

아무리 잘해도,
나보다 잘하는 사람이 있고.
아무리 잘 살아도,
나보다 잘 사는 사람이 있고.
아무리 똑똑해도,
나보다 머리 좋은 사람이 있을테니까.

위를 바라보는 삶은 좀 질린다.
나는 나를 바라보는 삶을 살아야지.

엄마 이야기

나의 엄마 홍현미는,
검소하시다. 그래서 나는 어릴 적부터 엄마를 보며 검소하게 자랐다. 사실 뭣도 모를 시절에는 불만도 있었다. '나도 좀 좋은 거 좀 사보자.' 이런 반항심. 그래서 대학생이 되어 과외를 하며 처음 돈을 벌었을 때, 그 돈으로 정말 비싼 운동화를 사본 기억이 난다. 불편해서 잘 신지도 못하고, 시간이 지나 색이 바래져 버려졌던 나이키 운동화. 지금 생각하면 부끄러워 얼굴이 붉어지는 기억이다.

물론, 지금은 반대다. 나도 경제 활동을 하는 어른이 되고 보니, 검소한 사람이 참 멋스럽다. 겸손한 삶과도 연결된다고 본다. 특별한 겉치장 없이도 온전히 나일 수 있는 사람. 얼마나 멋진가! 나의 이런 철학은 엄마의 향수를 담고 있다. 엄마는 전혀 의도한 바가 없을지 모르지만.

어른이 되어서야 알게된 것은, 내가 작은 것에서도 행복함을 느낄 수 있게 된 것도 어느 정도 엄마 덕분이라는 사실이다. 길가에 핀 작은 꽃에서도 행복을 느끼고, 바닷가에서 조개껍질을 주으면서도 행복하다. 따뜻한 햇살도 행복하다.
내 작은 그림들은 엄마의 행복을 담고 있다.

찐한 눈썹

누구에게나 외모 콤플렉스가 있다. 나는 어릴 적부터 짙은 눈썹이 스트레스였다. 매사에 진지한 인상을 주기 때문이다.
눈썹이 너무 진해서 사춘기 시절에는 눈썹을 밀어본 적도 있다. 물론, 눈썹을 가리기 위해, 바로 앞머리를 내렸다. 진지한 이미지를 벗어나기 위해 울프컷, 샤기컷 같은 가벼운 이미지를 주는 헤어 스타일을 강행하기도 했다. 백화점 화장품 코너에 가면, 눈썹을 칠하는 메이크업 도구들을 보며 "짙은 눈썹을 흐리게 만드는 메이크업도 있나요?" 라고 묻는다.
그런데 이 콤플렉스 포인트가 좋은 영향을 미치는 경우도 있다. 주로 직장이나 공적인 행사에서 그러한데, 한 번은 근무를 하다가 이런 소리를 들었다.
"매사에 너무 진지하신 거 아니에요? 통역사님은 너무 열심히 일해."
근무 중인 직원에게 이게 무슨 소리인가 싶지만, 또다시 나의 짙은 눈썹 때문인가 하는 생각이 들었다. 나는 분명 열심히 일을 하던 것은 아니고, 그냥 상대의 이야기를 듣고 있었을 뿐이기 때문이다 (미안하지만 별 생각을 하고 있지 않았다). 나는 이런 이미지에서 벗어나고 싶지만, 직장에서는 짙은 눈썹이 좋은 역할을 해주기도 한다. 마치 내가 하는 발언에 대한 신뢰도를 높여준달까... 이미지가 이렇게 중요하다니.
그러고 보면, 콤플렉스라는 것은 생각하기 나름일지도.

'좋게 생각해야겠다.'

어느 여름의 일기

서핑을 배웠다.

처음으로 무언가를 배우는 일은 늘 설렌다. 올 해 여름, 남편과 제주도 세화리에서 서핑을 배웠다.

세화리는 관광지라고 부르기에는 작고, 마을이라고 부르기에는 그 이상의 매력을 지닌 곳이다. 몇 년 전 처음으로 고등학교 친구 현주와 둘이 왔었다. 그 기억이 좋아 작년에는 보근이와 다시 찾았다.

현주와 왔던 세화리는 정말 조용했다. 그 많은 맥주집조차도 없던 시절이다. 우리는 바다 앞에서 해물라면을 먹었고, 맥주는 근처 편의점에서 조달했다. 최고의 여름이었다. 보근이와 놀러 온 세화리는 스물아홉 여름날이었다.

남편과 다시 찾은 세화리는 많이 바뀌었다. 현주와 왔던 해물라면 집은 폐가가 되어 있었고, 함께 묵었던 숙소는 카페로 바뀌었다. 대신 치맥 집이 생겼다. 그래도 한 가지 변하지 않은 게 있다면, 여전히 조용하다는 것. 우리는 서핑을 배워보기로 했다. (서핑 수업에는 세화 초등학교 5학년 친구들이 함께했다.)

큐레이션 인생

조금 웃음이 나오는 상황이 있다. 레스토랑에서 음식이 서빙되고 나면 다들 휴대폰을 꺼내 들고 사진을 찍을 때의 상황. 그리고 건배를 하려고 잔을 들고 사진으로 남길 때의 상황. 사진으로 남겨 인증하기 위한 순간들이다. 함께하는 시간도 중요하지만, 어느 순간 휴대폰 카메라에 담기는 순간 역시 중요해진 기분이다. 혹은, 실제로 멋진 분위기가 아니었어도, 카메라에 담긴 사진이 멋들어지게 나오면 만족스러웠던 저녁 시간이 되고는 한다.

잘못된 것일까? 그런데 그렇게만 이야기할 것이 아닌 게, SNS를 통해 자신을 큐레이팅 하는 것이 요즘 시대의 자기 PR이라는 생각도 든다. 무조건 '이건 문제일세!' 이러며 반대만 외치기에는 사회가 변했다. 요즘은 SNS가 자신을 변호하는 창구가 되기도 하니, 아쉬움이 남는 쪽은 SNS를 활용하지 못하는 사람이다.

최근에 친하지는 않지만, 서먹하지도 않은 사람들과의 식사자리가 있었다. 음식이 서빙되었는데, 음식을 맛보기 전에 한 분께서 "잠시만요. 사진으로 남기셔야죠." 하시며 우리를 쳐다보셨다. 혹여 사진 촬영을 할 사람들에게 폐가 될까 봐 식사를 시작하지 못하는 상황이 펼쳐진 것이다. 어색하게 웃으며 얼른 휴대폰 카메라를 들었다.

서로 조금 웃음이 나오는 상황.

잘못된 것은 아니겠지만, 아직은 자연스럽지도 못하다.

나중에는 식사 에티켓에 이런 부분이 추가되지 않을까 상상해본다. '식사가 시작되기 전에 카메라로 테이블 촬영 하기'

'플레이팅이 참 예쁘네요!'

큐레이터 : (마이크를 들고 그림 앞으로 간다) 다음은, 2019년 작 수채화 작품이에요. 샤워를 한 뒤 거울 앞에 서있는 나의 모습을 남긴 작품이에요. 이 사진은 실제 그림 속 주인공의 SNS에 업로드된 사진이기도 합니다. 시대 배경이 잘 표현된 그림인데요. 스마트폰의 등장과 함께 현대인의 삶에 강타했던 SNS는 개인의 삶 속에 낱낱이 파고들어 개인의 사소한 일상 순간들까지 타인과 공유하고, 소통하는 문화를 완성했다고 합니다.

초등학생 1 : 이상해.

2030년 현대 미술관 역사관 현장

은퇴 후의 삶

나는 더 이상 열심히 일하고 싶지 않습니다.

수리영역

나는 만년 문과생. '문송합니다' 출신이다. 수리를 싫어해서가 아니고, 흘러가다 보니 이렇게 되었다고 하면, 아마 많이들 공감하겠지. 그런데 나는 학창 시절, 사회영역 문제 풀이보다는 수리영역 문제를 푸는 것이 더 즐거웠다. 사회, 언어영역의 문제는, 왜인지 모르게 답을 고르고도 찝찝할 때가 있었기 때문이다. 반면, 수리영역은 깔끔하게 떨어진다. 내 계산법이 틀리면 틀렸지, 답은 하나로 결정되기 때문이다. 그래서인지 수리영역 중 부등호 ($<, >, \leq$...) 표시를 사용하는 시간에는 마음이 불편했다. 답이 하나가 아니라니.

이런 호불호는 나의 선호와도 연관되는 것 같다. 나는 누군가 본인의 의사를 밝힐 때 정확히 이야기해주는 것을 선호한다. 물론 상황은 항상 '이럴 수도' 있고, '저럴 수도' 있으나, 그 속에서 당신이 원하는 것은 무엇인지요. 혹은 내가 제안한 부탁에 거절을 하는 어려운 상황일지언정, 거절도 확실히 해주는 사람이 좋다. 뜨뜻미지근한 애매한 온도의 발언은 애매한 기대와 애매한 여운을 남기기에, 그 애매함을 기다리는 심경에도 애매한 영향을 미치기 때문이다.

그런데 사람은 다들 어느 정도 모순을 가지고 있지 않은가? 나의 모순점은, 내가 바로 애매한 사람이라는 것이다. 나는 애매하게 '이것'도 괜찮고, '저것'도 괜찮으면서 타인은 한 가지를 골라주기를 바란다. 어쩌면, 나는 타인의 선택에 관대하다는 뜻이기도 하겠다. 음식도 웬만하면 거르는 것이 없는 편이니, 저녁 식사 약속에서도 '다 좋아요'라고 말하는 뜨뜻미지근하고 애매한 사람이다.

어쩌면, 이래서 수리영역을 더 좋아했는가 보다. 내가 하지 못하는 것을 여기에서는 마음껏 펼쳐보게 되니! 언어 문제를 풀 때에는, 정답은 여러 가지가 될 수 있다는 애매한 입장으로 문제를 바라보니, 성적이 좋지 않기도 했고.

다 맛있겠는걸?

책 표지

미술관에서 그림을 보듯, 나는 서점을 관람한다. 요즘 신간은 어떤 책인지 책을 구경하러 가는 것이 아니다. 책 표지 그림을 구경하러 간다.

그러고 보면, 표지에 그려진 일러스트가 마음에 들어 책을 구매하는 사람들도 있을 것이다. 책 표지를 보면 정말 각양각색이다. 우선, 손바닥만 한 표지 위에 이 책의 모든 것을 보여주겠다는 표지가 있겠다. 책 제목 주변으로 소개글이 빽빽하게 적혀있다. 눈에 띄는 카피와 폰트 그리고 색상. 표지만으로 어떤 책일지 확 와 닿는다. 그 반면, 안 그래도 작은 공간을 절제해서 사용하는 표지도 있다. 소심한 듯 무심한 듯 작게 쓰인 책 제목과 일러스트. 나는 오히려 이런 책들을 열어보게 된다. '어떤 내용을 가지고 있기에 이렇게 비밀스럽지?'

사람들의 패션도 비슷한 것 같다. 나를 표현하기 위한 모든 장신구들을 장착(?)하고 다니는 사람이 있는가 하면, 모노톤의 색상으로 단조로운 옷을 즐겨 입는 사람도 있다. 단조로운 듯 옷을 입었지만, 인상 깊은 양말이나 안경으로 포인트를 준 사람들은, 나를 보여주는 것을 절제하고 있는 사람들 같다. 마치 영화에서 예고편만 보여주듯이, '나란 사람의 이 부분만 보여주겠어. 나머지가 알고 싶거든 말을 걸어봐.' 하는 듯한 스타일.
이렇게 묘한 심리전이 오고 가는 공간이기에, 나는 서점 산책을 즐긴다.

매력적인 깃털이네~

이딴 거

간혹 나는 험한 말을 한다. 글로 담을 수 없는 험한 말들이 많지만, 내가 가장 자주 사용하는 험한 말은 '이딴 거'다.

주어지는 상황이나 무엇을 격하시키기 위한 표현. 무언가에 불만이 있어 불만족스러운 기분을 감출 수 없을 때 입에서 튀어나온다. 사실 완전한 불만족을 이야기하는 표현은 아니다. 상대는 온전히 모르겠지만, 조금만 더 내게 관심을 보여달라는 의미를 내포한다.

'이딴 거'는 내게, 선을 넘지 않는 선에서 사용할 수 있는 험한 말에 속한다. 완벽한 욕은 아니기에, 청자는 화자에게 화를 낼 수도 없고, 은연중에 기분은 상하는데, 차라리 욕을 듣는 편이 속 시원하겠다고 생각이 드는 단어다. 마치 칼 대신 바늘로 하는 공격 같다. 그러고 보니, 내게는 자주 사용하는 단어일 뿐이지만, 상대에게는 날카로운 바늘이 될 수 있겠구나. 차라리 욕을 해버릴까 하다가, 둘 다 안 하는 편이 베스트이겠다고 결론지었다.

우리의 여름휴가는 간단하게

바다로 휴가를 가기로 했다. 배낭에 읽고 싶은 책 한 권 씩 그리고 튜브를 하나씩 넣어 집을 나섰다. 몸이 가벼우니 마음도 가벼워지는 듯한 휴가길. 배낭을 메고 떠나는 여행은 늘 낭만을 가지고 있다. 우리는 언젠가 산티아고 순례자의 길을 걷기로 했기 때문에, 배낭에 필요한 짐을 간단히 넣는 연습을 하고 있다. 사실 무거운 액체류 (로션, 샴푸, 크림 등)는 승원이 배낭에 들어가고, 상대적으로 가벼운 옷들은 내 가방으로 들어간다.

날이 맑았지만, 구름이 살짝 낀 날씨는 책을 읽기에 딱이다. 우리는 대부분의 시간 책을 읽었는데, 나는 세종이가 선물해준 책, 프랑스 저자 올리비아 가잘레의 〈철학적으로 널 사랑해〉를 읽었다. 사랑에 대한 여러 방면에서의 재정비랄까? 오랜만에 사회과학 책을 읽자니, 살짝 어려웠다.

책이 지루해질 때에는, 튜브를 들고 해수욕을 했다. 나는 멀미를 잘하는데, 차멀미, 뱃멀미 그리고 하다못해 튜브 멀미까지 한다. 그래서 오랫동안 튜브를 타지 못한다. 짧은 시간 동안 상상의 나래를 펼쳤다. 이대로 바다 멀리 떠내려간다면, 튜브가 아무리 튼튼하더라도, 내 발 밑으로 수심이 깊은 바다가 펼쳐져있을 거라는 사실만으로 겁에 질려버릴 거라는 상상을 했다.

튜브 멀미가 오려고 할 때에는, 바다에서 나와 자리로 돌아왔다. 다시 어려운 철학책을 읽었다. 책을 한 권 밖에 가져오지 않으니, 어쩔 수가 없었다. 우리의 휴가는 너무 단순했어서, 더 편안했다.

마요네즈

하얀색. 미끄덩. 담백한 척. 기름 맛. 마요네즈를 별로 좋아하지 않는 사람이 바라본 마요네즈다.

나는 마요네즈를 그다지 좋아하지 않는다. 그래서 마요네즈에 버무린 과일 샐러드를 바라보고 있자면, 과일들이 아깝다. 마요네즈를 표현하자면, 나에게는 멀미 맛이다. 멀미가 나는 것 같이 어지러운 맛이다. 마요네즈 봉지에 보면, '고소한 맛'이라는 문구가 있는데, 이 문구는 거짓이다. 아무리 고소한 척, 담백한 척 노력해보아도 마요네즈는 태생이 기름인걸.

마요네즈 같은 사람들이 있다. 겉으로는 담백한 척 하지만, 알고 나면 전혀 담백하지 않은 사람. 뒤끝이 남는 사람. 마치 마요네즈를 먹고 나서 입에 남아있는 기름 맛처럼.

감자튀김에 마요네즈를 찍어먹으면 환상적인 맛이라는 것은 대학에 들어와서 알았다. 느끼함이 배로 되는데, 이거 봐. 고소한 척하지 않으니 먹을 만하잖아. 있는 그대로의 모습을 받아들이라고.

- 마요네즈 좋아하니?
- 아니.
- 역시 그럴 줄 알았어.

이달의 여성잡지

사실 여성잡지를 구매하는 것은 즐거운 일이 아니다. 절반 이상이 광고와 혹은 에세이로 둔갑한 상품 홍보글과 혹은 대문짝만한 여배우 얼굴들로 가득하니. 새로운 것을 읽기 위함이라기보다는, 옆에서 끊임없이 재잘거리는 친구와 아이쇼핑을 하는 기분이랄까. 페이지를 넘길 때마다, 끊이지 않는 친구의 권유…"너 요즘 피부가 조금 거친거 같은데, 이 에센스 위에 새로나온 크림을 발라봐." "올 겨울에는 어디로 휴가를 갈 예정이니? 내가 따뜻한 온천수가 나오는 핫한 리조트를 몇 군데 추천해줄게~" 등. 그래서 여성잡지는 은행이나 미용실에서 대기를 하는 시간에 보고마는 편이다. 나는 쇼핑도 혼자서 이어폰을 끼고 음악을 들으면서 하는 것을 즐기기 때문이다. 물론 음악에 따라서 물건을 고르는 것 같은게 있다만. 예를 들면, 클래식을 들으면서는 모노톤 셔츠를 구경한다던지…
그런데, 잡지에 선물로 나오는 부록을 구경하는 것은 다른 얘기다. 서점 잡지 코너에서 이번 달의 부록이 무엇인지 확인하는 것은 짜릿하다. 정말로 공짜로 받는 선물인 기분! 부록으로 나온 제품을 구매하는 김에, 잡지를 함께 받는다는 절묘

한 '원 플러스 원' 개념으로 본다면, 합리적인 소비라는 착각까지 든다. 살짝 안타까운 것은, 계획에 없던 소비를 하게 된다는 것일 뿐.

이렇게 글을 쓰다보니, 최근에 내가 구매한 잡지가 떠올랐다. 여성 에디터들이 본인의 시선으로 바라보는 세상 이야기들을 담은 월간호 〈우먼카인드*〉. 서점에서 새로 나온 잡지들을 구경하다가 이번 호 표지에 있는 문장을 보고 매료되어 구매하였다.

'삶이 계속되는 자리에서 우리는 서로의 선배가 될 수 있다'

내가 구매한 최초의 여성잡지가 되겠다.

*우먼카인드 (Womankind): 여성들의 시선을 담아낸, 광고가 없는, 잡지다.

역시계 방향

나는 요즘 종종

자주

어릴 적을 떠올리고는 한다.

행복했던 순간들을.

꽈배기

같은 말을 어렵게 꼬아서 생각하는 경우가 있다. 그 안에 내포된 의미를 찾으려 하는 경우도 있고, 단순하게 말 뜻 그대로 이해하는 경우도 있다. 어느 편이 좋다 나쁘다는 언급할 수 없겠다. 그렇지만, 확실히 어느 편이 건강에 해로운지는 알겠다. 예를 들어, 오늘 하루 누군가에게 들었던 기분 나빴던 한 문장이 나도 모르게 자꾸 머릿속에서 되감기 되는 날에는, 몸에 힘이 안 들어간다. 그리고 이게 무슨 뜻이었을지 여러 입장에서 생각해보려 하는데, 나에게 이런 말을 했을 그 순간, 상대의 마음을 헤아려보고 싶기 때문이다. 호감의 표현이었을지, 화가 났던 것인지, 거짓을 숨기고 있는지 알고 싶다. 하지만, 이리 보고, 저리 보아도 헤아릴 수 없는 것이 사람의 마음인걸.

사실 어차피 알 수 없는 마음 속이라면, 좋게 생각하는 것이 건강에도 좋다. 혹여, 은연중에 나쁜 의미를 내포한 문장이었을지어도, 내가 둥글게 둥글게 넘어간다면, 관계가 좋아질 가능성도 있기 때문이다. 웃는 얼굴에 누가 침을 뱉겠어!

그래서 나는 웬만해서는 웃으면서 넘어가려고 노력한다. 하지만, 이런 날은 유독 힘들다. 너무나 당연한 관계의 친구가 아픈 말을 했을 때. 마치, 거친 돌을 눈으로 뭉쳐 던지는 듯한 말들. 눈싸움을 하자고 했더니, 눈에 돌을 넣어 던질게 뭐람.
그러고 보니, 어려운 일을 쉽게 생각하고 훌훌 털어버리는 경우는 왜 드문 것일까...

"나, 오늘은 다섯 번 참았어."

삶은 복잡하지 않다.
우리가 복잡할 뿐이다.
삶은 단순하고,
단순한 것이 옳은 것이다.

by. 오스카 와일드

뉴스

세상이 무거워진 것인지, 뉴스의 내용이 무겁다. 등골이 서늘한 사건들이 안정적인 아나운서의 목소리를 통해 집안을 가득 찬다. 간혹은 그 사건 사고의 정도가 공포 영화를 보는 기분이다. 사회가 바뀐 것도 있겠지만, 내가 뉴스 속 일상을 사는 어른이 되어서 인지도 모르겠다. 예를 들어, 97년도 IMF

시절에는 잘 나가던 기업이 줄줄이 망하는 뉴스를 보면서 저녁 식사 시간이 싸늘했을 것이다. 뉴스를 보다가, 유학 시절 친구가 떠올랐다. 갑자기 잘 지내는지 안부가 묻고 싶어 졌던 건데, 막상 통화 연결음이 들리기 시작하니 '앗! 전화를 받으면, 갑자기 무슨 이야기를 꺼내야 하지?' 하는 생각이 들었다.
"여보세요?"
"레이코!"
레이코는 아랍에 유학하던 시절 서로 눈물, 콧물을 닦아주던 친구다. 그래서인지 아주 오래간만의 연락에도 우리는 다시 돈독해졌다. 앞으로 자주 연락을 해야겠다는 생각이 들었다. 이러고 또다시 하렴 없이 시간이 흐르겠지만.

하루는 저녁 뉴스 중 레몬을 활용해 주방을 청소하는 간단한 생활 꿀팁이 나왔다. 뉴스 중에 갑작스런 생활 꿀팁... 뭐지?

천일야화

지금 내가 고백하는 행위가 약간 변태적이거나, 문제가 있을지 봐주시면 좋겠다. 간혹 나는 서점에서 책을 대량으로 구매하는 경우가 있는데, 이 책을 구매했다는 것 자체만으로도 책을 다 읽었다는 생각이 들 때가 있다. 구매행위 자체가 책에 대한 일종의 애정, 충성심을 표현하는 행위가 되는 것이다.
이 정도까지는 아니어도, 요즘에는 제품을 구매하는 것이 이에 담긴 철학과 문화를 구매하는 행위로 연결되는 것 같다. 그래서 제품 안에 스토리를 입힐수록 구매자의 시선을 끌기 마련이다.
우리 집 서재에도 이런 책들이 몇 권 (솔직히 전체의 10% 정도) 있는데, 이 중 대표적인 책이 바로 '천일야화'다. 전공어 공부를 위해 이집트로 유학을 하던 시절이 있었다. 당시에는 아랍어라는 것이 아직 생소하던 시절이어서, 서점에서 책을 구경하는 것도 썩 즐거운 일이 아니었다. 한 번은 길거리에서 마치 어느 미술관에 전시되어 있을 법한 표지의 책을 발견했다. 심지어 4권짜리 세트로, 책 4권을 함께 묶어두면, 하나의 그림이 완성되는 표지의 책이었다. 가까스로 제목을 읽어보니 '천일야화'였다. 나는 일 평생 이 책을 완독 하는 것을 전공언어에 대한 목표로 삼겠다고 생각하며 책을 구매했다. 제목도 겨우 읽던 시절에... 이게 대략 9년 전 이야기다. 그리고 9년 동안 단 한 번도 나는 '천일야화'를 펴 본 적이 없다. 유학 도중에 이집트에서 민주화 혁명이 일어나 도망가듯 귀국을 했었는데, 정말 위급했던 순간에도 이 책을 꼭 챙겼다. 마치 보물단지인 것처럼. 그런데 10년이 가깝게 책을 펴 볼 생각이 들지 않았으니, 나는 이 책 안에 나의 아랍어에 대한 목표를 담아두고 있는가 보다. 다들 책장에 이런 책 한 권쯤은 있지 않을지.

내 두 발로 서있기

쿠웨이트에서 어학연수를 하던 시절의 이야기다. 우리가 흔히 알고 있는 유흥문화 (예를 들면 알코올)를 법적으로 금지하는 국가에서 세계 각기에서 모인 젊은 이십 대가 즐길 수 있는 유일한 놀이는 카드 게임과 수다였다. 출신, 그 나라 음식, 인구수, 교육 과정, 스마트폰, 취업률, 기타 등등의 다룰 수 있는 신변잡기에 대한 이야기는 이미 한 번씩 다룬 이후였다. 어느 순간부터 우리는 카드를 치며 철학적인 질문을 주고받기 시작했다.

하루는 어떤 사람이 되고 싶은지가 우리의 주제였다. 발육과 외모만 보아서는 이미 다들 어른이었지만.

폴란드에서 온 까밀라가 자신 있게 이런 이야기를 남겼다.

"우리 엄마는 내가 어릴 적부터 이런 이야기를 해주셨어. 내 두 발로 이 땅 위에 단단히 서있는 사람이 되라고. 그러니까... 어떤 장소에서 어떤 일을 하더라도, 나는 내 두 발로 흔들리지 않고 서있는 사람이 되고 싶어."

아직 미래에 대한 구체적인 계획이 없던 시절, 이 이야기는 그

어떤 구체적인 단어 하나 가지고 있지 않았지만, 그 무엇보다도 가장 명료했다.

벌써 쿠웨이트에서 돌아온 지 7년 정도가 흘렀다. 까밀라는 유학 시절 연애를 하던 친구와 결혼을 해서 두 딸을 낳아 키우고 있다. 행복한 가정을 이루고 사는 그녀를 보면 나도 행복해진다.

그녀는 어떤 장소에서 어떤 일을 하더라도 행복할 수 있는 방법을 알고 있다.

오늘 하루도 행복할 의무가 있다는 생각이 듭니다.

노인과 감나무

한 번은 호수 앞 카페 야외 테이블에 앉아 글을 쓰는 중이었다. 오래된 조선소를 개조해서 만든 카페인데, 요즘의 젊은 감성이 가득한 힙한 곳이다. 유독 손님이 없는 조용한 시간대였기에, 의도치 않게 옆 테이블에 앉아 계신 노부부의 대화를 엿듣게 되었다.
"이건 무슨 나무더라."
할아버지는 테이블 옆 나무를 지긋이 바라보시며 말씀하셨다.
"감나무야, 감나무." 할머니의 대답.
나는 고개를 들어 나무를 바라보았다. 내 눈에는 그냥 나무였다. 그런데 노부부의 대화를 듣고 보니, 아직 설익은 열매가 보였다.
이 순간, 내 옆 테이블에 앉아계신 노부부가 이 곳에서 가장 힙해 보였다.

아님 말고 정신

"해보고 아니면 말면 되지, 어려울게 뭐 있어? 안그냐?"
나의 아버지, 아니 나의 아빠, 김재태 씨의 '아님 말고' 정신. 이 간단명료한 철학으로 아빠는 늘 우리의 고민거리에 한 큐로 답을 주셨다. 그래서 나와 나의 두 동생들은 점점 더 무모해졌다. 이러면 안 되지만, 기괴하게 놀다가 다쳐도 보고, 싸워서 안되면 퇴사도 해보고, 생전 처음 해보는 분야의 일이지만, 질러도 보고... 그래서 지금은 다들 생각해보지도 않던 일들을 하고 있다. 그리고 앞으로는 또 어떤 일들을 질러볼지 모르겠다. 왜인지 모르게 이 글 역시 짧고 명료해야 할 것 같다. 그래야 아빠의 철학을 정확히 전달할 수 있겠지.

아, 밝히지 않은 사실이 하나 있다. 아님 말고 뒤에는 '쌍시옷'이 묶음처리되어 있다는 사실.

"아님 말고...ㅆ"

'... ㅆ'

VAN-LIFE

포스터 헌팅턴의 〈밴 라이프〉를 읽으며 우리가 이를 실천해 본다면 어떨지 생각해보았다. 작은 밴 안에 두 사람이 필요한 것들을 싣고 방방곡곡을 누비는 삶, 여행.
미니멀리즘과도 비슷한 맥락이고, 또 까밀라가 이야기하던 '나의 두 발로 당당히 서있기'와 맥락을 같이 한다. 결국 내가 주체가 되어 나의 삶에 필요한 물건들을 엄선하고, 그것들을 실은 나의 밴이 향할 행선지를 매일매일 택해야 하는 삶의 방식이기 때문이다. 어디에 서있더라도, 어떤 모습을 하고 있더라도, 나는 나의 선택으로 이 곳에 왔음을 매일같이 증명해내는 과정.
그래서 나는 책을 읽으며 이건 단순한 여행의 무엇이 아니라고 확신했다. 언젠가 나의 두 다리가 당당할 때에 나도 한 번 해보고 싶다. 밴 라이프를!

갑자기 석고상을 쉽게 그려보고 싶어졌다.
쉽게 살자는 의미를 담아.
어려울수록 쉽게 생각해야겠다.

남프르느

그으스

아르스

헤르메스

줄리아

???

나의 오늘도,

나의 내일도.

아무래도 좋은 하루 | 에세이

어떻게든 긍정적인 방향으로 내게 주어진 상황을 해석한다. 지금 나는 상처되는 일들은 잊고 살아도 되는 어른이니까.

나를 아끼는 마음 | 에세이

아니, 솔직히 말해보자고. 우리는 정말 좋은 사람이 되어야 할까?

내가 되고 싶은 사람 | 에세이

내가 되고 싶은 사람은, 나의 행복을 지켜내는 사람

스물다섯 가지 크리스마스 | 소설

매일이 크리스마스인 사람들을 위한 스물다섯 가지 단편 소설.

14번가의 행복 | 소설

14번가에서 벌어지는 행복한 이야기, 어쩌면 행복을 찾는 사람들의 이야기.

How To Love Myself 나를 아끼는 60가지 방법들 | 일러스트북

아무도 아껴주지 않는 나의 마음, 내가 먼저 아껴줄 수 있을까요?

폴라리또와 나 | 소설

어느 날 빙하가 녹았다. 북극곰 폴라리또와 친구들에게 펼쳐지는 여정을 담은 이야기.

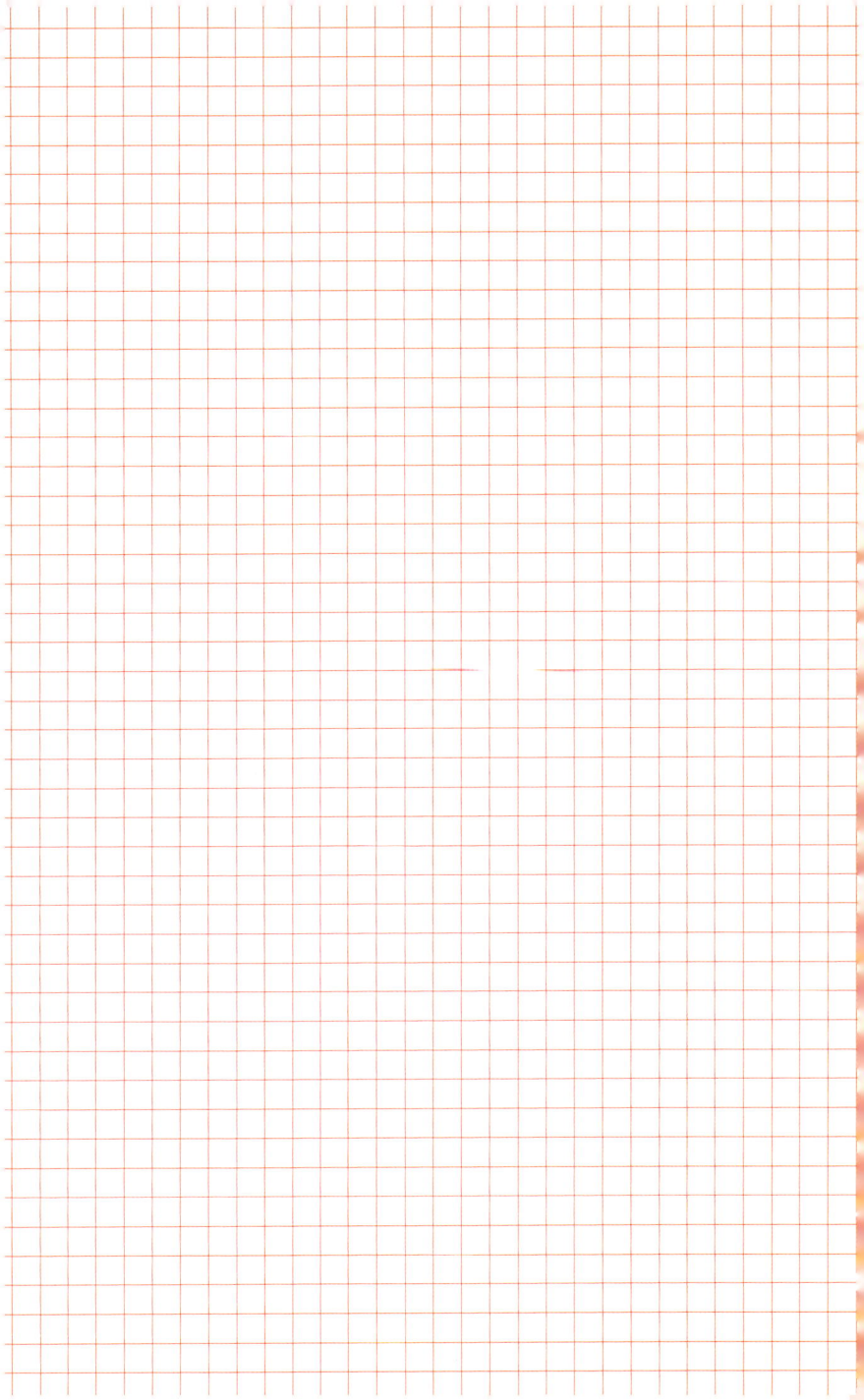